I0707256

WHAT THE HELL DID I DO?!

WHY THE FUCK DID I DO THAT?

SHIT I CAN MAKE BETTER NEXT TIME

WHAT THE HELL DID I DO?!

WHY THE FUCK DID I DO THAT?

SHIT I CAN MAKE BETTER NEXT TIME

WHAT THE HELL DID I DO?!

WHY THE FUCK DID I DO THAT?

SHIT I CAN MAKE BETTER NEXT TIME

WHAT THE HELL DID I DO?!

WHY THE FUCK DID I DO THAT?

SHIT I CAN MAKE BETTER NEXT TIME

WHAT THE HELL DID I DO?!

WHY THE FUCK DID I DO THAT?

SHIT I CAN MAKE BETTER NEXT TIME

WHAT THE HELL DID I DO?!

WHY THE FUCK DID I DO THAT?

SHIT I CAN MAKE BETTER NEXT TIME

WHAT THE HELL DID I DO?!

WHY THE FUCK DID I DO THAT?

SHIT I CAN MAKE BETTER NEXT TIME

WHAT THE HELL DID I DO?!

WHY THE FUCK DID I DO THAT?

SHIT I CAN MAKE BETTER NEXT TIME

WHAT THE HELL DID I DO?!

WHY THE FUCK DID I DO THAT?

SHIT I CAN MAKE BETTER NEXT TIME

WHAT THE HELL DID I DO?!

WHY THE FUCK DID I DO THAT?

SHIT I CAN MAKE BETTER NEXT TIME

WHAT THE HELL DID I DO?!

WHY THE FUCK DID I DO THAT?

SHIT I CAN MAKE BETTER NEXT TIME

WHAT THE HELL DID I DO?!

WHY THE FUCK DID I DO THAT?

SHIT I CAN MAKE BETTER NEXT TIME

WHAT THE HELL DID I DO?!

WHY THE FUCK DID I DO THAT?

SHIT I CAN MAKE BETTER NEXT TIME

WHAT THE HELL DID I DO?!

WHY THE FUCK DID I DO THAT?

SHIT I CAN MAKE BETTER NEXT TIME

WHAT THE HELL DID I DO?!

WHY THE FUCK DID I DO THAT?

SHIT I CAN MAKE BETTER NEXT TIME

WHAT THE HELL DID I DO?!

WHY THE FUCK DID I DO THAT?

SHIT I CAN MAKE BETTER NEXT TIME

WHAT THE HELL DID I DO?!

WHY THE FUCK DID I DO THAT?

SHIT I CAN MAKE BETTER NEXT TIME

WHAT THE HELL DID I DO?!

WHY THE FUCK DID I DO THAT?

SHIT I CAN MAKE BETTER NEXT TIME

WHAT THE HELL DID I DO?!

WHY THE FUCK DID I DO THAT?

SHIT I CAN MAKE BETTER NEXT TIME

WHAT THE HELL DID I DO?!

WHY THE FUCK DID I DO THAT?

SHIT I CAN MAKE BETTER NEXT TIME

WHAT THE HELL DID I DO?!

WHY THE FUCK DID I DO THAT?

SHIT I CAN MAKE BETTER NEXT TIME

WHAT THE HELL DID I DO?!

WHY THE FUCK DID I DO THAT?

SHIT I CAN MAKE BETTER NEXT TIME

WHAT THE HELL DID I DO?!

WHY THE FUCK DID I DO THAT?

SHIT I CAN MAKE BETTER NEXT TIME

WHAT THE HELL DID I DO?!

WHY THE FUCK DID I DO THAT?

SHIT I CAN MAKE BETTER NEXT TIME

WHAT THE HELL DID I DO?!

WHY THE FUCK DID I DO THAT?

SHIT I CAN MAKE BETTER NEXT TIME

WHAT THE HELL DID I DO?!

WHY THE FUCK DID I DO THAT?

SHIT I CAN MAKE BETTER NEXT TIME

WHAT THE HELL DID I DO?!

WHY THE FUCK DID I DO THAT?

SHIT I CAN MAKE BETTER NEXT TIME

WHAT THE HELL DID I DO?!

WHY THE FUCK DID I DO THAT?

SHIT I CAN MAKE BETTER NEXT TIME

WHAT THE HELL DID I DO?!

WHY THE FUCK DID I DO THAT?

SHIT I CAN MAKE BETTER NEXT TIME

WHAT THE HELL DID I DO?!

WHY THE FUCK DID I DO THAT?

SHIT I CAN MAKE BETTER NEXT TIME

WHAT THE HELL DID I DO?!

WHY THE FUCK DID I DO THAT?

SHIT I CAN MAKE BETTER NEXT TIME

WHAT THE HELL DID I DO?!

WHY THE FUCK DID I DO THAT?

SHIT I CAN MAKE BETTER NEXT TIME

WHAT THE HELL DID I DO?!

WHY THE FUCK DID I DO THAT?

SHIT I CAN MAKE BETTER NEXT TIME

WHAT THE HELL DID I DO?!

WHY THE FUCK DID I DO THAT?

SHIT I CAN MAKE BETTER NEXT TIME

WHAT THE HELL DID I DO?!

WHY THE FUCK DID I DO THAT?

SHIT I CAN MAKE BETTER NEXT TIME

WHAT THE HELL DID I DO?!

WHY THE FUCK DID I DO THAT?

SHIT I CAN MAKE BETTER NEXT TIME

WHAT THE HELL DID I DO?!

WHY THE FUCK DID I DO THAT?

SHIT I CAN MAKE BETTER NEXT TIME

WHAT THE HELL DID I DO?!

WHY THE FUCK DID I DO THAT?

SHIT I CAN MAKE BETTER NEXT TIME

WHAT THE HELL DID I DO?!

WHY THE FUCK DID I DO THAT?

SHIT I CAN MAKE BETTER NEXT TIME

WHAT THE HELL DID I DO?!

WHY THE FUCK DID I DO THAT?

SHIT I CAN MAKE BETTER NEXT TIME

WHAT THE HELL DID I DO?!

WHY THE FUCK DID I DO THAT?

SHIT I CAN MAKE BETTER NEXT TIME

WHAT THE HELL DID I DO?!

WHY THE FUCK DID I DO THAT?

SHIT I CAN MAKE BETTER NEXT TIME

WHAT THE HELL DID I DO?!

WHY THE FUCK DID I DO THAT?

SHIT I CAN MAKE BETTER NEXT TIME

WHAT THE HELL DID I DO?!

WHY THE FUCK DID I DO THAT?

SHIT I CAN MAKE BETTER NEXT TIME

WHAT THE HELL DID I DO?!

WHY THE FUCK DID I DO THAT?

SHIT I CAN MAKE BETTER NEXT TIME

WHAT THE HELL DID I DO?!

WHY THE FUCK DID I DO THAT?

SHIT I CAN MAKE BETTER NEXT TIME

WHAT THE HELL DID I DO?!

WHY THE FUCK DID I DO THAT?

SHIT I CAN MAKE BETTER NEXT TIME

WHAT THE HELL DID I DO?!

WHY THE FUCK DID I DO THAT?

SHIT I CAN MAKE BETTER NEXT TIME

WHAT THE HELL DID I DO?!

WHY THE FUCK DID I DO THAT?

SHIT I CAN MAKE BETTER NEXT TIME

WHAT THE HELL DID I DO?!

WHY THE FUCK DID I DO THAT?

SHIT I CAN MAKE BETTER NEXT TIME

WHAT THE HELL DID I DO?!

WHY THE FUCK DID I DO THAT?

SHIT I CAN MAKE BETTER NEXT TIME

WHAT THE HELL DID I DO?!

WHY THE FUCK DID I DO THAT?

SHIT I CAN MAKE BETTER NEXT TIME

WHAT THE HELL DID I DO?!

WHY THE FUCK DID I DO THAT?

SHIT I CAN MAKE BETTER NEXT TIME

WHAT THE HELL DID I DO?!

WHY THE FUCK DID I DO THAT?

SHIT I CAN MAKE BETTER NEXT TIME

WHAT THE HELL DID I DO?!

WHY THE FUCK DID I DO THAT?

SHIT I CAN MAKE BETTER NEXT TIME

WHAT THE HELL DID I DO?!

WHY THE FUCK DID I DO THAT?

SHIT I CAN MAKE BETTER NEXT TIME

WHAT THE HELL DID I DO?!

WHY THE FUCK DID I DO THAT?

SHIT I CAN MAKE BETTER NEXT TIME

WHAT THE HELL DID I DO?!

WHY THE FUCK DID I DO THAT?

SHIT I CAN MAKE BETTER NEXT TIME

WHAT THE HELL DID I DO?!

WHY THE FUCK DID I DO THAT?

SHIT I CAN MAKE BETTER NEXT TIME

WHAT THE HELL DID I DO?!

WHY THE FUCK DID I DO THAT?

SHIT I CAN MAKE BETTER NEXT TIME

WHAT THE HELL DID I DO?!

WHY THE FUCK DID I DO THAT?

SHIT I CAN MAKE BETTER NEXT TIME

WHAT THE HELL DID I DO?!

WHY THE FUCK DID I DO THAT?

SHIT I CAN MAKE BETTER NEXT TIME

WHAT THE HELL DID I DO?!

WHY THE FUCK DID I DO THAT?

SHIT I CAN MAKE BETTER NEXT TIME

WHAT THE HELL DID I DO?!

WHY THE FUCK DID I DO THAT?

SHIT I CAN MAKE BETTER NEXT TIME

WHAT THE HELL DID I DO?!

WHY THE FUCK DID I DO THAT?

SHIT I CAN MAKE BETTER NEXT TIME

WHAT THE HELL DID I DO?!

WHY THE FUCK DID I DO THAT?

SHIT I CAN MAKE BETTER NEXT TIME

WHAT THE HELL DID I DO?!

WHY THE FUCK DID I DO THAT?

SHIT I CAN MAKE BETTER NEXT TIME

WHAT THE HELL DID I DO?!

WHY THE FUCK DID I DO THAT?

SHIT I CAN MAKE BETTER NEXT TIME

WHAT THE HELL DID I DO?!

WHY THE FUCK DID I DO THAT?

SHIT I CAN MAKE BETTER NEXT TIME

WHAT THE HELL DID I DO?!

WHY THE FUCK DID I DO THAT?

SHIT I CAN MAKE BETTER NEXT TIME

WHAT THE HELL DID I DO?!

WHY THE FUCK DID I DO THAT?

SHIT I CAN MAKE BETTER NEXT TIME

WHAT THE HELL DID I DO?!

WHY THE FUCK DID I DO THAT?

SHIT I CAN MAKE BETTER NEXT TIME

WHAT THE HELL DID I DO?!

WHY THE FUCK DID I DO THAT?

SHIT I CAN MAKE BETTER NEXT TIME

WHAT THE HELL DID I DO?!

WHY THE FUCK DID I DO THAT?

SHIT I CAN MAKE BETTER NEXT TIME

WHAT THE HELL DID I DO?!

WHY THE FUCK DID I DO THAT?

SHIT I CAN MAKE BETTER NEXT TIME

WHAT THE HELL DID I DO?!

WHY THE FUCK DID I DO THAT?

SHIT I CAN MAKE BETTER NEXT TIME

WHAT THE HELL DID I DO?!

WHY THE FUCK DID I DO THAT?

SHIT I CAN MAKE BETTER NEXT TIME

WHAT THE HELL DID I DO?!

WHY THE FUCK DID I DO THAT?

SHIT I CAN MAKE BETTER NEXT TIME

WHAT THE HELL DID I DO?!

WHY THE FUCK DID I DO THAT?

SHIT I CAN MAKE BETTER NEXT TIME

WHAT THE HELL DID I DO?!

WHY THE FUCK DID I DO THAT?

SHIT I CAN MAKE BETTER NEXT TIME

WHAT THE HELL DID I DO?!

WHY THE FUCK DID I DO THAT?

SHIT I CAN MAKE BETTER NEXT TIME

WHAT THE HELL DID I DO?!

WHY THE FUCK DID I DO THAT?

SHIT I CAN MAKE BETTER NEXT TIME

WHAT THE HELL DID I DO?!

WHY THE FUCK DID I DO THAT?

SHIT I CAN MAKE BETTER NEXT TIME

WHAT THE HELL DID I DO?!

WHY THE FUCK DID I DO THAT?

SHIT I CAN MAKE BETTER NEXT TIME

WHAT THE HELL DID I DO?!

WHY THE FUCK DID I DO THAT?

SHIT I CAN MAKE BETTER NEXT TIME

WHAT THE HELL DID I DO?!

WHY THE FUCK DID I DO THAT?

SHIT I CAN MAKE BETTER NEXT TIME

WHAT THE HELL DID I DO?!

WHY THE FUCK DID I DO THAT?

SHIT I CAN MAKE BETTER NEXT TIME

WHAT THE HELL DID I DO?!

WHY THE FUCK DID I DO THAT?

SHIT I CAN MAKE BETTER NEXT TIME

WHAT THE HELL DID I DO?!

WHY THE FUCK DID I DO THAT?

SHIT I CAN MAKE BETTER NEXT TIME

WHAT THE HELL DID I DO?!

WHY THE FUCK DID I DO THAT?

SHIT I CAN MAKE BETTER NEXT TIME

WHAT THE HELL DID I DO?!

WHY THE FUCK DID I DO THAT?

SHIT I CAN MAKE BETTER NEXT TIME

WHAT THE HELL DID I DO?!

WHY THE FUCK DID I DO THAT?

SHIT I CAN MAKE BETTER NEXT TIME

WHAT THE HELL DID I DO?!

WHY THE FUCK DID I DO THAT?

SHIT I CAN MAKE BETTER NEXT TIME

WHAT THE HELL DID I DO?!

WHY THE FUCK DID I DO THAT?

SHIT I CAN MAKE BETTER NEXT TIME

WHAT THE HELL DID I DO?!

WHY THE FUCK DID I DO THAT?

SHIT I CAN MAKE BETTER NEXT TIME

WHAT THE HELL DID I DO?!

WHY THE FUCK DID I DO THAT?

SHIT I CAN MAKE BETTER NEXT TIME

WHAT THE HELL DID I DO?!

WHY THE FUCK DID I DO THAT?

SHIT I CAN MAKE BETTER NEXT TIME

WHAT THE HELL DID I DO?!

WHY THE FUCK DID I DO THAT?

SHIT I CAN MAKE BETTER NEXT TIME

WHAT THE HELL DID I DO?!

WHY THE FUCK DID I DO THAT?

SHIT I CAN MAKE BETTER NEXT TIME

WHAT THE HELL DID I DO?!

WHY THE FUCK DID I DO THAT?

SHIT I CAN MAKE BETTER NEXT TIME

WHAT THE HELL DID I DO?!

WHY THE FUCK DID I DO THAT?

SHIT I CAN MAKE BETTER NEXT TIME

WHAT THE HELL DID I DO?!

WHY THE FUCK DID I DO THAT?

SHIT I CAN MAKE BETTER NEXT TIME

WHAT THE HELL DID I DO?!

WHY THE FUCK DID I DO THAT?

SHIT I CAN MAKE BETTER NEXT TIME

WHAT THE HELL DID I DO?!

WHY THE FUCK DID I DO THAT?

SHIT I CAN MAKE BETTER NEXT TIME

WHAT THE HELL DID I DO?!

WHY THE FUCK DID I DO THAT?

SHIT I CAN MAKE BETTER NEXT TIME

WHAT THE HELL DID I DO?!

WHY THE FUCK DID I DO THAT?

SHIT I CAN MAKE BETTER NEXT TIME

WHAT THE HELL DID I DO?!

WHY THE FUCK DID I DO THAT?

SHIT I CAN MAKE BETTER NEXT TIME

WHAT THE HELL DID I DO?!

WHY THE FUCK DID I DO THAT?

SHIT I CAN MAKE BETTER NEXT TIME

WHAT THE HELL DID I DO?!

WHY THE FUCK DID I DO THAT?

SHIT I CAN MAKE BETTER NEXT TIME

WHAT THE HELL DID I DO?!

WHY THE FUCK DID I DO THAT?

SHIT I CAN MAKE BETTER NEXT TIME

WHAT THE HELL DID I DO?!

WHY THE FUCK DID I DO THAT?

SHIT I CAN MAKE BETTER NEXT TIME

WHAT THE HELL DID I DO?!

WHY THE FUCK DID I DO THAT?

SHIT I CAN MAKE BETTER NEXT TIME

WHAT THE HELL DID I DO?!

WHY THE FUCK DID I DO THAT?

SHIT I CAN MAKE BETTER NEXT TIME

WHAT THE HELL DID I DO?!

WHY THE FUCK DID I DO THAT?

SHIT I CAN MAKE BETTER NEXT TIME

WHAT THE HELL DID I DO?!

WHY THE FUCK DID I DO THAT?

SHIT I CAN MAKE BETTER NEXT TIME

WHAT THE HELL DID I DO?!

WHY THE FUCK DID I DO THAT?

SHIT I CAN MAKE BETTER NEXT TIME

WHAT THE HELL DID I DO?!

WHY THE FUCK DID I DO THAT?

SHIT I CAN MAKE BETTER NEXT TIME

WHAT THE HELL DID I DO?!

WHY THE FUCK DID I DO THAT?

SHIT I CAN MAKE BETTER NEXT TIME

WHAT THE HELL DID I DO?!

WHY THE FUCK DID I DO THAT?

SHIT I CAN MAKE BETTER NEXT TIME

WHAT THE HELL DID I DO?!

WHY THE FUCK DID I DO THAT?

SHIT I CAN MAKE BETTER NEXT TIME

www.ingramcontent.com/pod-product-compliance
Lightning Source LLC
Chambersburg PA
CBHW070714250726
48662CB00001B/417